Nils Krückemeier
BASIX
Das kannst du glauben!

Nils Krückemeier

BASIX

Das kannst du glauben!

mit Illustrationen
von
Sonja Fröhlich

neukirchener
aussat

MIX
Papier aus verantwortungsvollen Quellen
FSC® C016439

Dieses Buch wurde auf FSC®-zertifiziertem Papier gedruckt.
FSC (Forest Stewardship Council®) ist eine nichtstaatliche, gemeinnützige Organisation, die sich für eine ökologische und sozialverantwortliche Nutzung der Wälder unserer Erde einsetzt.

Bibliografische Information der Deutschen Nationalbibliothek

Die Deutsche Nationalbibliothek verzeichnet diese Publikation in der Deutschen Nationalbibliografie; detaillierte bibliografische Daten sind im Internet über http://dnb.d-nb.de abrufbar.

4. Auflage 2013

Umschlaggestaltung: Andreas Sonnhüter, Düsseldorf
DTP: Fuck-Druck, Koblenz
Verwendete Schriften: Futura, Lithos-Pro
Gesamtherstellung: Hubert & Co., Göttingen
Printed in Germany
(Das Buch erschien erstmals 2001 im Gütersloher Verlagshaus)
ISBN 978-3-7615-5526-2

www.neukirchener-verlage.de

INHALT

Zu diesem Buch 7

ÜBER GOTT UND DEN MENSCHEN

Die Schöpfung 9
Jesus von Nazareth 12
Kreuzigung und Auferstehung 16
Schuld und Vergebung 19
Der Heilige Geist 22
Hoffnung 25
Das Glaubensbekenntnis 28

ÜBER DAS LEBEN ALS CHRIST

Der Glaube 31
Das Gebet 34
Die Bibel 38
Der Gottesdienst 42
Die Taufe 46
Das Abendmahl 49
Die zehn Gebote 52

ÜBER DIE KIRCHE

Die Kirche 55
Die Diakonie 58
Die Ökumene 61

Stichwortverzeichnis 64

ZU DIESEM BUCH

In diesem Buch geht es um die »Basix«, um die Grundlagen des christlichen Glaubens. Sie sind interessant für alle, die wissen wollen, worum es in diesem christlichen Glauben eigentlich geht und gleichzeitig keine Lust dazu haben, sich beim Lesen von abgehobenen, schwer verständlichen Texten mit vielen Fremdwörtern zu langweilen. Die wirklich wichtigen Dinge kann man nämlich auch so sagen, dass sie verständlich sind. Darum ist dieses Buch entstanden. Die »Basix« enthalten eine Zusammenstellung von Texten, die verschiedene Themen zusammenfassen. Jedes Thema ist auf wenigen Seiten dargestellt. Klar, dass da nicht alles ganz ausführlich sein kann. Aber die wichtigsten Punkte werden auf jeden Fall genannt.

Alle Texte sind nach demselben Muster aufgebaut. Der Abschnitt mit dem Fragezeichen **?** enthält ein paar grundlegende Gedanken zum Thema; er erklärt, warum es wichtig ist, darüber nachzudenken oder nennt verbreitete Missverständnisse, auf die man nicht hereinfallen sollte. Dann kommen die nummerierten Abschnitte **123**. In ihnen werden die wichtigsten inhaltlichen Punkte zum Thema aufgelistet und erklärt. Und schließlich nennt der Abschnitt mit dem Ausrufungszeichen **!** einige Bibelstellen, die man im Zusammenhang mit dem Thema lesen kann. Die Bibel ist nämlich die grundlegende Quelle, aus der sich die Erkenntnisse über Gott, den christlichen Glauben und alles, was damit zusammenhängt, gewinnen lassen. Wenn man über solche Dinge nachdenkt, sollte man also auf jeden Fall auch immer die Bibel befragen.

Außerdem hat Sonia Fröhlich zu allen Themen Zeichnungen gemacht. Diese Zeichnungen sind einerseits einfach witzig – aber andererseits regen sie auch zum Nachdenken an. Wenn man sich die Bilder anschaut, kann man oft schon auf ein paar gute Ideen und Gedanken kommen – auch wenn man den Text bisher noch nicht gelesen hat.

So, nun wünsche ich viel Spaß beim Lesen!

Nils Krückemeier

ÜBER GOTT UND DEN MENSCHEN

DIE SCHÖPFUNG

? Ein Grund, den ganz viele Menschen dafür nennen, dass sie die Bibel und den christlichen Glauben für Unfug halten, ist dieser: Sie können sich nicht vorstellen, dass unsere Welt von Gott erschaffen worden ist. Die Bibel erzählt von einer Schöpfung in sieben Tagen. Dies, so meinen sie, widerspricht eindeutig den Erkenntnissen unserer modernen Naturwissenschaften.

1 Am Anfang der Bibel gibt es zwei Texte, die vom Beginn der Welt erzählen. Und diese beiden Texte sind nicht in allen Einzelheiten identisch. Es ist logisch: Als die Welt entstanden ist, war kein Mensch dabei. Aus diesem Grund kann auch niemand behaupten, dass er mit 100-prozentiger Sicherheit weiß, wie damals alles abgelaufen ist. Deswegen wollen auch die Schöpfungs-Geschichten der Bibel gar nicht für sich in Anspruch nehmen, dass sie historische Berichte seien. Wenn man die Aussage eines Textes richtig verstehen will, dann muss man zuerst darauf achten, um was für einen Text es überhaupt geht. Man kann einen Zeitungsartikel nicht so wie ein Gedicht lesen – sonst versteht man ihn falsch. Genauso darf man auch die Schöpfungs-Geschichten nicht

mit wissenschaftlichen Arbeiten verwechseln. Denn das sind sie eben nicht! Die Schöpfungs-Geschichten wollen also nicht in erster Linie aussagen, wie die Entstehung der Welt zeitlich abgelaufen ist. Sondern sie sagen vor allem das Eine: Unsere Welt ist kein Zufall; Gott ist mächtig, und er kann in unsere Wirklichkeit eingreifen; er hat den Menschen das Leben geschenkt. Darum geht es in den Schöpfungs-Texten. Das schließt trotzdem nicht aus, dass Gott die Welt innerhalb von sieben Tagen geschaffen haben könnte – doch diese Frage ist absolut zweitrangig.

2

Die Schöpfungs-Geschichten der Bibel sagen: Gott hat die Welt erschaffen. Dem gegenüber behaupten viele, die Wissenschaft habe bewiesen, dass die Welt durch einen riesigen Zufall, einen großen Knall ins Dasein gestolpert sei. Keine von beiden Aussagen kann man endgültig beweisen – aber man kann sich einmal Gedanken zu den Wahrscheinlichkeiten machen: Würde man alle Atome unseres Universums auf einen Fleck werfen – und diesen Versuch vielleicht auch noch ein paar millionen Mal wiederholen – dann würde dabei nach der Wahrscheinlichkeits-Rechnung nicht ein einziges Eiweiß-Molekül entstehen. Nicht einmal das! Und das Leben auf unserem Planeten ist nun wirklich noch wesentlich komplizierter als so ein Eiweiß-Molekül. Nach der Wahrscheinlichkeits-Rechnung ist es nahezu ausgeschlossen, dass das Leben ein großer Zufall ist ... aber beweisen kann man das trotzdem nicht.

! Die beiden Schöpfungs-Geschichten stehen ganz vorne in der Bibel, in den Kapiteln 1 und 2 des 1. Mose-Buchs. Außerdem ist es interessant, einmal nachzulesen, welche Gedanken ein Psalm-Beter beim Anblick der Natur hat: Psalm 19,1 - 7.

JESUS VON NAZARETH

Von ganz entscheidender Bedeutung für den christlichen Glauben ist eine Person: Jesus von Nazareth, der vor beinahe 2000 Jahren in Israel lebte. Ohne ihn sind das Christentum und die Kirche nicht denkbar; und fast der ganze zweite Teil der Bibel, das Neue Testament, handelt von ihm. Von Jesus sagen manche, er sei der Sohn Gottes; andere sagen, er sei ein Mensch gewesen, der besonders vorbildlich gelebt hat; und wieder andere sagen, er sei vom Tod auferstanden. Diese ganz verschiedenen Aussagen machen schon deutlich, dass man die Person Jesu von mehreren Seiten betrachten kann und muss:

Wo Jesus war, waren oft auch viele Menschen, denn bei Jesus passierten oft erstaunliche Dinge: Kranke wurden gesund; Blinde konnten plötzlich wieder sehen und Gelähmte wieder gehen, weil Jesus sie heilte. Daran erkannten manche Menschen: Jesus ist der Sohn Gottes. Aber Jesus ist nicht einfach aus dem Nichts auf der Erde erschienen oder vom Himmel gefallen – nein, er wurde ganz normal als Baby

geboren und lebte als normaler Mensch. Jesus ist zwar der Sohn Gottes, aber er war gleichzeitig auch wirklicher Mensch.

2

Als Jesus erwachsen war, zog er durch das Land und erzählte den Menschen von Gott. Dabei kümmerte er sich ganz besonders um die Menschen, die krank oder arm waren oder aus irgendwelchen anderen Gründen kein gutes Ansehen bei ihren Mitmenschen hatten: Er heilte die Kranken und besuchte diejenigen, mit denen niemand etwas zu tun haben wollte. Damit zeigte er: Gott liebt ausnahmslos alle Menschen – nicht nur die, die es im Leben zu etwas bringen und gut angesehen sind.

3

Wenn Jesus von Gott erzählte, sprach er meistens vom *Reich Gottes*. Damit ist gemeint: Gott möchte, dass alle Menschen in Gemeinschaft miteinander und mit ihm, mit Gott selbst, leben können. Sie sollen fröhlich sein und Frieden und Gerechtigkeit haben. Und Gott wird selbst eines Tages dafür sorgen, dass das so wird. Bis dahin wird nicht mehr viel Zeit vergehen, denn Jesus sagte: Es dauert nicht mehr lange, bis das Reich Gottes da ist.

4

Jesus sagte den Menschen also, dass Gott sie liebt, und dass er sein Reich für sie aufbauen will. Aber gleichzeitig erwartet Gott auch etwas von den Menschen: Wer die Liebe Gottes spürt, dessen Leben verändert sich. Deshalb verkündigte Jesus den Menschen den Willen Gottes. Diesen Willen Gottes hat Jesus einmal in einem einzigen kurzen Satz zusammengefasst: »Liebe Gott, und liebe deinen Mitmenschen wie dich selbst!« Dieser Aufruf wird auch als das *Doppelgebot der Liebe* bezeichnet, weil er zwei Teile hat. Der erste ist: Jeder Mensch wird eingeladen, Gott zu lieben, mit ihm zu leben und eine persönliche Beziehung zu ihm zu haben, denn ieder Mensch kann sich darauf verlassen, dass Gott ihn liebt. Und der zweite Teil sagt: Die Menschen sollen sich gegenseitig lieben; sie sollen füreinander da sein, denn wenn jemand das tut, dann beginnt das Reich Gottes schon im Kleinen.

5

Außerdem ist Jesus zum Tode verurteilt und hingerichtet worden. Doch nach drei Tagen ist er wieder vom Tod auferstanden. Der Tod und die Auferstehung Jesu sind der allerwichtigste Inhalt des christlichen Glaubens.

!

Die Evangelien im Neuen Testament handeln vom Leben Jesu, und es ist wirklich interessant, einmal ein Evangelium ganz zu lesen. Außerdem kann man die Heilung eines Blinden durch Jesus in Markus 10,46-52 nachlesen. Das Doppelgebot der Liebe steht in Matthäus 22,37-39. Und die Liebe Gottes zu jedem einzelnen Menschen kommt ganz deutlich in dem Gleichnis vom verlorenen Sohn, das Jesus erzählt, zum Ausdruck: Lukas 15,11-32.

KREUZIGUNG UND AUFERSTEHUNG

Die Kreuzigung und die Auferstehung Jesu Christi sind der Mittelpunkt des christlichen Glaubens. Hier wird es besonders wichtig! Allerdings betrachten manche Menschen die Kreuzigung Jesu auch als den Beweis dafür, dass Jesus gar nicht der Sohn Gottes war, denn wenn er es wirklich gewesen wäre, dann hätte er sich nicht umbringen lassen. Oder wenn er es doch war – ist Gott dann zu schwach, um sich in einer gefährlichen Situation als mächtig zu erweisen? Außerdem sehen viele im Tod Jesu überhaupt keinen Sinn. »Was soll das?«, fragen sie sich. Man kann zu diesem Thema wirklich viele Bedenken haben. Doch worauf kommt es nun an? Weshalb ist gerade dieser Punkt von so großer Bedeutung?

Jesus wurde gekreuzigt. Die Kreuzigung war zu dieser Zeit die grausamste bekannte Art der Hinrichtung, die deshalb nur an besonders schweren Verbrechern vollstreckt wurde. Die jüdischen Führer sagten, er habe Gott gelästert, und die römischen Führer sagten, er sei ein politischer Aufrührer, Also wurde er gekreuzigt, obwohl beides nicht stimmte. Die Jünger hatten ihr ganzes Vertrauen auf Jesus gesetzt; sie hatten darauf vertraut, dass er von Gott gesandt worden war, um die Menschen zu befreien ... und jetzt das! Mit dem Tod Jesu war ihre ganze Hoffnung zerschlagen worden; sie hatten ihr Vertrauen zu ihm verloren. Denn wenn Jesus wirklich der von Gott gesandte Retter gewesen wäre, dann hätte doch so etwas nicht passieren dürfen. Gott hätte eingreifen und seine Macht zeigen müssen, aber – nichts. Sie dachten, sie hätten sich getäuscht. Jesus war den Tod eines Schwerverbrechers gestorben. Die Menschen sahen die Kreuzigung als ein Zeichen dafür an, dass auch Gott nichts mehr mit Jesus zu tun haben wollte.

2

Doch so war es nicht. Am übernächsten Tag war die Grabhöhle, in der Jesus bestattet worden war, leer. Die Jünger dachten zuerst, die Leiche sei gestohlen worden. Aber dann begegnete Jesus ihnen. Er war hingerichtet worden – und nun lebte er wieder. Die Jünger hatten die Hoffnung schon aufgegeben – und nun sahen sie, dass sie ihr Vertrauen nicht auf den Falschen gesetzt hatten. Sie hatten gedacht, Gott hätte sich von Jesus abgewandt – und nun hatte Gott ihn vom Tod auferweckt. Damit war es allen klar: Gott hatte durch die Auferweckung gezeigt, dass Jesus wirklich sein Sohn war, und dass seine Macht auch stärker ist als der Tod. Und die Jünger hatten erkannt, dass es keinen Grund zur Traurigkeit mehr gab: Jesus war auferstanden. – Jesus ist auferstanden!

3

An dieser Stelle ist das Thema von Kreuzigung und Auferstehung allerdings noch nicht abgehakt; es wird noch viel wichtiger! Als Jesus am Kreuz gestorben ist, hat er dort die Strafe für die Schuld der Menschen auf sich genommen. Wer sein Vertrauen nun auf Gott setzt und mit Gott zusammen leben will, dem ist die Schuld vergeben.

!

Auch der Apostel Paulus weiß, wie wichtig der Tod und die Auferstehung Jesu für den christlichen Glauben sind: Ohne sie ist der Glaube nutzlos. Das steht in 1. Korinther 15,14. In den Kapiteln 14-16 des Markus-Evangeliums kann man die Geschichte von Kreuzigung und Auferstehung nachlesen.

SCHULD UND VERGEBUNG

Schuld und Vergebung – ohne dieses Thema wäre der christliche Glaube nichts wert. Beides spielt eine zentrale Rolle, und es ist ganz eng verknüpft mit der Kreuzigung und der Auferstehung Jesu. Viele Menschen denken darüber nicht gerne nach, denn es ist nicht besonders angenehm, sich mit der eigenen Schuld auseinanderzusetzen. Doch gerade deshalb ist dieses Thema so wichtig.

Wie gesagt: Man kann über dieses Thema nicht nachdenken, ohne dabei auch den Tod Jesu am Kreuz im Blick zu haben. Denn der Tod Jesu hatte nicht nur den Sinn, zu zeigen, dass Jesus Gottes Sohn ist. Darüber hinaus ist der Tod Jesu am Kreuz die entscheidende Tatsache, die es den Menschen überhaupt erst ermöglicht, mit Gott Gemeinschaft zu haben. Wie kann das gehen? Jeder Mensch kann in seinem eigenen Leben sehen, dass sein Verhältnis zu Gott nicht optimal ist; die Beziehung zwischen Gott und Mensch ist gestört. Eine optimale Beziehung wäre es, wenn Gott im Leben eines Menschen die wichtigste Rolle spielen würde. Aber an diese erste Stelle setzt der Mensch sich selbst. Die Folge ist nicht nur ein gestörtes Verhältnis zu Gott – sondern auch zu den Mitmenschen. Denn wenn jemand vor allem an sich selbst denkt, dann bleiben andere dabei auf der Strecke. Diese Tatsache, dass ieder Mensch sich selbst zum Mittelpunkt des eigenen Lebens macht, so dass die Beziehungen zu Gott und den Mitmenschen gestört werden, bezeichnet die Bibel mit dem altertümlichen Wort *Sünde*. Die Sünde ist also nicht in erster Linie eine schlechte Tat, sondern eine grundsätzliche Einstellung des Menschen. Doch aus dieser Einstellung heraus kommt es zu einzelnen Handlungen, die nicht gut für die Beziehung des Menschen zu Gott und zu den Mitmenschen sind. Das muss gar nicht heißen, dass immer eine böse Absicht hinter solchen Taten steckt. Aber das ist auch nicht das Entscheidende; der Mensch lädt trotzdem Schuld auf sich, weil er sich selbst für wichtiger nimmt als alles andere und darum Dinge tut, die Gott und anderen Menschen gegenüber nicht in Ordnung sind. Die so entstandene Schuld hindert den Menschen daran, mit Gott Gemeinschaft zu haben; es entsteht eine Trennung zwischen dem Menschen und Gott.

2

Aber Gott selbst macht den ersten Schritt, um diese Trennung wieder zu überwinden. Jesus stirbt am Kreuz, obwohl er selbst niemals etwas Böses getan hat. Und er bietet jedem einzelnen Menschen an, dort am Kreuz stellvertretend seine Schuld auf sich zu nehmen. So kann sie vergeben werden, und der Mensch kann zu Gott kommen. Doch Jesus zwingt niemanden. Sein Angebot ist wie eine ausgestreckte Hand, die man ergreifen kann, aber nicht muss. Wer dieses Angebot annimmt und an Gott glaubt, bekommt die Vergebung geschenkt; man muss sie sich nicht durch gute Taten erarbeiten.

Weil das Thema von Schuld und Vergebung eine so große Rolle spielt, gehören die folgenden Bibelstellen zu den wichtigsten der ganzen Bibel: In Römer 3,22-24 geht es zum Beispiel um Schuld und Vergebung. Und schon etwa 750 Jahre, bevor Jesus gestorben ist, hat der Prophet Jesaja davon gesprochen, dass jemand kommen würde, um die Vergebung zu ermöglichen: Jesaja 53,1-12. Wie Jesus es mit seinen eigenen Worten sagt, kann man in Matthäus 20,28 nachlesen.

DER HEILIGE GEIST

Der Heilige Geist – ab und zu hört man von ihm im Zusammenhang mit dem christlichen Glauben, aber viele wissen mit diesem Begriff gar nichts anzufangen. Manche denken sogar, der Glaube hätte irgendetwas mit einem Gespenst zu tun ... Doch das ist es nun wirklich nicht.

1 Als die Bibel entstanden ist, ist sie teilweise in hebräischer und teilweise in griechischer Sprache geschrieben worden. Sowohl das hebräische als auch das griechische Wort, das in unseren deutschen Bibeln mit *Geist* übersetzt ist, hat ursprünglich einen zweifachen Sinn: Erstens kann es einen Windstoß bezeichnen und zweitens die Lebenskraft. Beides sind Eigenschaften des Heiligen Geistes. Im deutschen Wort »Atem« werden beide Aspekte des Geistes deutlich: Der Atem ist der Lufthauch und auch die zum Leben notwendige Kraft.

2 Gott begegnet den Menschen in dreifacher Weise: Als Gott der Vater – als Gott, der Sohn Jesus Christus – und als Gott, der Heilige Geist. Vater, Sohn und Geist gehören zusammen; jede der drei Personen ist Gott. Aber trotzdem muss man, wenn man von Gott spricht, zwischen den drei Personen unterscheiden. Man darf sie nicht durcheinanderbringen, denn Vater, Sohn und Geist

sind zwar alle derselbe Gott, aber gleichzeitig sind sie auch voneinander verschieden. Die Tatsache, dass Gott gleichzeitig drei und trotzdem nur einer ist, nennt man *Trinität*. Das kommt aus dem Lateinischen und bedeutet Dreieinigkeit. Das Wort erklärt sich von selbst: Drei und trotzdem einer. Mit unserer normalen Logik ist es nicht zu begreifen, wie das funktioniert; man kann nur darüber staunen. Doch trotzdem ist es wichtig, die drei Personen der Trinität zu unterscheiden, weil sie unterschiedliche Aspekte des Wesens Gottes betonen. Über den Heiligen Geist sagt die Lehre von der Trinität zwei wichtige Dinge aus. Erstens: Der Heilige Geist ist Gott. Und zweitens: Der Heilige Geist ist eine Person – jemand, den man ansprechen kann.

3

Mit dem Begriff »Heiliger Geist« kann man aber noch mehr bezeichnen als nur die dritte Person der Dreieinigkeit: Menschen können den Heiligen Geist haben, denn er ist Gottes Gabe für sie. »Heiligen Geist« nennt man also sowohl den Geber als auch die Gabe. In der Bibel kann man nachlesen, dass alle Menschen, die an Gott glauben, den Heiligen Geist haben. Der Heilige Geist ermöglicht es einem Menschen, eine Beziehung zu Gott zu haben, denn wenn jemand

den Heiligen Geist nicht hat, dann ist das unmöglich. Außerdem ist der Heilige Geist die Kraft Gottes, die ein Mensch spüren kann. Wer den Heiligen Geist hat, fühlt, dass Gott ihm nahe ist – so, wie man auch den Wind spüren kann, obwohl er nicht sichtbar ist.

In der Bibel gibt es erstaunlich viele Aussagen zum Heiligen Geist. Zum Beispiel diese beiden: Johannes 14,25-26, wo Jesus den Jüngern ankündigt, dass Gott ihnen den Heiligen Geist senden wird. Und 1. Korinther 12,3, wo es um den engen Zusammenhang zwischen dem Heiligen Geist und dem Glauben geht.

HOFFNUNG

Wer gestorben ist, kommt als Engel in den Himmel und sitzt dort für ewige Zeiten singend und mit einer Harfe in der Hand auf seiner Wolke ... Oder etwa nicht? Was kommt denn nun nach dem Tod?

Jesus wurde gekreuzigt, doch dann ist er auferstanden. Damit zeigte Gott seine Macht, die so groß ist, dass sie auch vor dem Tod nicht anhält. Deshalb haben die Christen Grund zu der Hoffnung, dass mit dem Tod nicht alles vorbei ist. Gott ist stärker als der Tod, und die Menschen sind dazu eingeladen, zu Gott zu kommen, Gemeinschaft mit ihm zu haben.

Dieses Angebot macht Gott den Menschen: Jesus ist gestorben, damit die Schuld vergeben und der Mensch

mit Gott versöhnt werden kann. Sein Angebot gilt wirklich für alle – doch jeder einzelne Mensch ist dazu aufgefordert, auf dieses Angebot nun auch zu reagieren. Man kann es ablehnen oder auch annehmen. Eine Entscheidung ist gefragt, und diese Entscheidung hat Konsequenzen: Wer Gottes Angebot annimmt, der entscheidet sich für ein Leben, in dem Gott ganz wichtig ist. Dieses Leben mit Gott beginnt schon jetzt und hier. Und Gott gibt denen, die sich für ihn entscheiden, die Hoffnung, dass dieses Leben auch mit dem Tod kein Ende hat.

2

Jesus hat oft vom Reich Gottes erzählt. »Reich Gottes«, das bedeutet: Gott möchte, dass alle Menschen in Frieden und Gerechtigkeit leben und Gemeinschaft mit ihm haben können. Gott selbst wird eines Tages dafür sorgen, dass sein Reich Wirklichkeit sein wird. Ein besseres Leben als das Leben im Reich Gottes kann sich ein Christ nicht vorstellen. Man hat den Christen oft vorgeworfen, ihre Hoffnung sei nur ein Trost, der ihnen dabei hilft, Schlechtes in ihrem Leben besser zu ertragen, ohne sich dagegen zu wehren. Aber Gott erwartet von den Christen, dass sie sich schon jetzt in ihrem Leben für die Verwirklichung des Reiches Gottes, für Frieden und Gerechtigkeit, einsetzen, weil Gott alle Menschen liebt und das Beste für sie will.

3

Die Bibel ist ja nun wirklich ein sehr dickes Buch. Doch in ihr geht es nur an sehr wenigen Stellen darum, wie es nach dem Tod sein wird. Und der weitaus größte Teil der Bibel handelt vom Leben hier auf der Erde. Der Grund dafür ist: Es ist gar nicht so wichtig, sich Gedanken darüber zu machen, was nach dem Tod passieren wird. Viel wichtiger ist es für den Menschen, sein Leben im Jetzt und Hier in Ordnung zu bringen.

! Es gibt davon zwar nur wenige – aber dies sind zwei Bibelstellen, die von der Hoffnung auf ein ewiges Leben bei Gott sprechen: Wie es für den Menschen überhaupt möglich wird, zu Gott zu kommen, steht in Johannes 3,16. Und um das Leben in Gottes Reich geht es in Offenbarung 21,3-4.

DAS GLAUBENSBEKENNTNIS

Das Glaubensbekenntnis wird sehr oft im Gottesdienst gesprochen – in vielen Gemeinden sogar jeden Sonntag. Doch es ist sehr schwer zu verstehen, weil es in wenigen Worten sehr viel aussagt und seine Sprache altmodisch ist. Viele Menschen sprechen es einfach nur mit, ohne darüber nachzudenken.

Ein Glaubensbekenntnis ist dazu gut, die wichtigsten Inhalte des Glaubens in Worte zu fassen. Die Inhalte des christlichen Glaubens kann man mit ganz verschiedenen Worten ausdrücken – darum gibt es auch viele verschiedene Bekenntnisse. Das bekannteste von ihnen ist das Apostolische Glaubensbekenntnis, das sehr oft im Gottesdienst gesprochen wird. Man nennt es das »apostolische« Glaubensbekenntnis, weil es mit der Lehre der von Jesus ernannten Apostel übereinstimmt. Dieses Bekenntnis ist schon vor langer Zeit entstanden, da die Christen sich vor falschen Lehren schützen wollten. Manche Menschen behaupteten nämlich Dinge über Gott, die der Bibel widersprachen.

Das Glaubensbekenntnis ist in drei Teile unterteilt, denn derselbe Gott begegnet den Menschen in dreifacher Weise: Erstens als der Vater, der die Welt erschaffen und den Menschen das Leben geschenkt hat. Zweitens als der Sohn Jesus Christus, der für die Schuld der Menschen um Kreuz gestorben ist und so die Vergebung ermöglicht hat.
Und drittens als der Heilige Geist, der bei den Menschen ist und ihnen Kraft gibt.

Das apostolische Glaubensbekenntnis lautet:

Ich glaube an Gott.
den Vater, den Allmächtigen,
den Schöpfer des Himmels und der Erde.

Und an Jesus Christus,
seinen eingeborenen Sohn, unsern Herrn,
empfangen durch den Heiligen Geist,
geboren von der Jungfrau Maria,
gelitten unter Pontius Pilatus,
gekreuzigt, gestorben und begraben,
hinabgestiegen in das Reich des Todes,
am dritten Tage auferstanden von den Toten,
aufgefahren in den Himmel;
er sitzt zur Rechten Gottes,
des allmächtigen Vaters;

von dort wird er kommen,
zu richten die Lebenden und die Toten.

Ich glaube an den Heiligen Geist,
die heilige christliche Kirche,
Gemeinschaft der Heiligen,
Vergebung der Sünden,
Auferstehung der Toten
und das ewige Leben.
Amen.

Das Wort Bekenntnis bedeutet aber auch: Sich mit dem, was man glaubt, nicht zu verstecken; zu dem zu stehen, wovon man überzeugt ist. Als Christ trifft man oft auf Situationen, in denen man es mit Leuten zu tun hat, die den christlichen Glauben ablehnen und dumm finden. Dann ist es besonders schwer, zu sagen: »Ja, ich glaube an Gott.« Und das apostolische Glaubensbekenntnis hilft in diesen Situationen auch nicht viel weiter. Aber trotzdem ist das Bekennen des Glaubens auch wichtig. Das heißt: Genug Mut zu haben, um das, woran man glaubt, auch nach außen zu zeigen.

Auch Jesus fordert die Christen dazu auf, sich zu ihm zu bekennen; man kann es in der Bibel in Matthäus 10,32-33 nachlesen. Und etwas sehr Interessantes über das Bekenntnis steht auch in 1. Johannes 4,15 und in Römer 10,9-10.

ÜBER DAS LEBEN ALS CHRIST

DER GLAUBE

»Ich glaube, morgen wird die Sonne scheinen.« Oder: »Ich glaube, unsere Fußball-Mannschaft wird ihr nächstes Spiel gewinnen.« – Solche Sätze hören und benutzen wir oft. Wenn jemand sagt: »Ich glaube«, dann ist damit meistens gemeint: Ich habe diese Vermutung; es könnte so sein; möglicherweise ist aber auch alles ganz anders.

Wenn man im Zusammenhang mit Gott vom *Glauben* spricht, dann kann damit nicht nur eine Vermutung gemeint sein. Wer sagt: »Ich glaube an Gott« – der meint damit nicht nur eine Annahme, die sich ganz leicht auch als falsch herausstellen könnte. Denn der christliche Glaube ist keine ungefähre Ahnung davon, dass es irgendwie und irgendwo noch irgendein höheres Wesen geben könnte, sondern der Glaube ist ein festes Vertrauen auf Gott. Festes Vertrauen bedeutet: Man ist sich ganz sicher, dass Gott existiert und dass die Dinge, die er den Menschen in seinem Wort – der Bibel – sagt, wahr sind. Natürlich kann man Gott nicht »beweisen«. Wenn man es könnte, müsste man nicht mehr »glauben«, sondern man würde »wissen«. Doch trotzdem kann man fest auf Gott vertrauen; man kann sich gewiss sein; und man kann seine ganze Hoffnung auf Gott setzen, obwohl er sich nicht beweisen lässt. Das ist Glaube.

2

Glauben bedeutet, man hält bestimmte Dinge – wie zum Beispiel die Existenz Gottes und vieles andere – für wahr. Aber der Glaube ist noch mehr: Glauben heißt auf Gott vertrauen, sich auf ihn verlassen. Wer sagt: »Ich glaube an Gott« – der meint damit eine persönliche Beziehung. Der Glaube hat Auswirkungen auf das Leben eines Menschen. Na klar: Man kann Gott nicht sehen. Aber er ist trotzdem nicht weit weg, in unerreichbarer Ferne. Gott ist da und gleichzeitig nicht zu sehen. Doch man kann seine Nähe spüren und zu jeder Zeit auf seine Hilfe hoffen. Das ist Glaube. Eine solche Vertrauens-Beziehung ist natürlich nicht einfach plötzlich da. Wie eine Beziehung zwischen zwei Menschen beginnt auch sie ganz klein und kann dann wachsen.

Das Wachsen des Glaubens vergleicht Jesus mit einem kleinen Samenkorn, aus dem eine Pflanze wird. Das kann man in Lukas 8,5-15 nachlesen. Dass der Glaube ein festes Vertrauen darauf ist, dass Gott helfen will und helfen kann, zeigt sich auch in der Geschichte von der kranken Frau, die zu Jesus kommt und von ihm gesund gemacht wird: Markus 5,25-34.

DAS GEBET

Sehr viele Menschen können heute mit dem Gebet nicht mehr viel anfangen. Manche fragen sich, ob Gott sie auch wirklich hört und beachtet; andere betrachten das Gebet als ein Zeichen von Schwäche ... Mit jemandem zu reden, den man nicht sieht und dessen Antwort man nicht laut und deutlich hört – das ist auch wirklich ein etwas seltsames Gefühl. Wieso ist das Gebet aber trotzdem so wichtig für die Christen?

Zu Gott kann man als Mensch eine persönliche Beziehung haben. Und zu einer Beziehung gehört als ganz wichtiger Bestandteil auch immer das Gespräch. Mit Gott reden kann man im Gebet. In der Bibel sagt Gott den Menschen, dass er für sie da sein will und auf ihre Gebete hört. Darauf vertrauen die Christen. Beten kann man grundsätzlich zu jeder Zeit und an jedem Ort. Aber trotzdem ist es gut, sich für das Gebet Zeit und Ruhe zu nehmen. Denn wenn man ein vertrauensvolles Gespräch mit einer wichtigen Person führen will, dann geht das eben am besten, wenn man nicht abgelenkt und in Eile ist. So wie zu einem Gespräch zwischen zwei Menschen gehört auch zum Gebet das Zuhören. Beten ist kein Selbstgespräch und

kein Vortrag, den man in die Luft spricht – sondern wer betet, der will auch wissen, was Gott ihm zu sagen hat. An dieser Stelle haben viele Menschen allerdings Probleme, denn wenn Gott zu jemandem spricht, dann ist dies ganz oft nicht mit den Ohren zu hören. Zuallererst spricht Gott zu den Menschen durch sein Wort, die Bibel. Aber auch durch eine gute, interessante – ansprechende – Predigt oder ein anderes Wort eines Mitmenschen kann Gott reden. Und Gott kann auch durch Situationen und Eindrücke, bis hinein in die Gedanken eines Menschen, sprechen. Natürlich gehört es auch zum Gebet, selbst zu reden. Weil man Gott vertrauen kann, darf ein Mensch ihm alles erzählen, was ihn bewegt. Wichtige Bestandteile des Gebets sind also: Still-Sein, Zuhören und Selbst-Sprechen.

2

Persönliche Probleme und Bitten, aber auch die Dinge, über die man sich freut, darf man Gott sagen. Über Unschönes darf man bei Gott klagen und ihn für Schönes loben und ihm danken. Denn Gott kann man wirklich vertrauen. Deshalb darf ein Mensch im Gebet mit ihm wirklich alles ansprechen, was ihm in seinem Leben wichtig ist. Gleichzeitig ist es aber auch wichtig, im Gebet nicht nur um sich selbst zu kreisen; auch an die Mitmenschen kann man im Gebet

denken und Gott für sie bitten, dass er bei ihnen ist und ihnen hilft.

3

Manchmal verwechseln Menschen Gott mit einem Automaten, in den man oben eine Bitte hineinsteckt, und unten kommt das gewünschte Ergebnis heraus. So funktioniert Gott jedoch nicht! Gott will wirklich nur das Beste für die Menschen – das bedeutet aber auch, dass der Wille Gottes mitunter vom Willen des Menschen abweichen kann und ein Mensch nicht das bekommt, worum er Gott gebeten hat. Es ist gut, zu beten und fest auf Gott zu vertrauen. Aber ein weiteres Missverständnis besteht darin, immer nur zu beten und dabei zu vergessen, dass es auch wichtig ist, selbst etwas zu tun. Das Gebet ersetzt das Handeln nicht, denn Gott hat den Menschen einen Kopf zum Nachdenken gegeben und Hände, mit denen sie Dinge anpacken können. Beten und Handeln gehören zusammen; beides ist wichtig.

4

Die Menschen fragten Jesus einmal, wie man zu Gott beten kann, und Jesus sagte ihnen ein Gebet als Beispiel. Dieses Beispiel-Gebet ist das Vater-Unser:

Vater Unser im Himmel
Geheiligt werde dein Name.
Dein Reich komme.
Dein Wille geschehe,
wie im Himmel, so auf Erden.

Unser tägliches Brot gib uns heute.
Und vergib uns unsere Schuld,
wie auch wir vergeben unseren Schuldigern.
Und führe uns nicht in Versuchung,
sondern erlöse uns von dem Bösen.
Denn dein ist das Reich
und die Kraft
und die Herrlichkeit
in Ewigkeit.
Amen.

In den Psalmen der Bibel findet sich eine Sammlung von Gebeten, die Menschen vor vielen Jahren zu Gott gesprochen haben. Diese Psalmen können sehr hilfreich sein, wenn man selbst keine Worte zum Beten findet. Ein sehr schönes Gebet ist Psalm 23. Und eine wichtige Zusage Gottes zum Thema »Gebet« steht in Psalm 50,15. Was Jesus den Menschen, die zu Gott beten, verspricht, kann man in Matthäus 7,7-11 nachlesen. Außerdem steht das Vater-Unser in Matthäus 6,9-13.

DIE BIBEL

Die Bibel ist das meistverkaufte Buch der Welt. Auch in Deutschland besitzen sehr viele Menschen eine Bibel. Um so erstaunlicher ist es, dass nur ganz wenige sie gelesen haben. Die meisten Menschen scheinen diese Einstellung zu vertreten: Eine Bibel hat man eben aus Tradition im Regal – aber ein Buch, das vor vielen Jahrhunderten geschrieben worden ist, hat für die Menschen heute keine Bedeutung mehr.

Das Wort Bibel stammt aus der griechischen Sprache. Ursprünglich bedeutet es: »Die Bücher«. Und das hat auch seinen guten Grund, denn in der Bibel sind mehrere ganz unterschiedliche Schriften zu einer Einheit zusammengefasst, 66 an der Zahl. Viele verschiedene Schreiber sind also dafür verantwortlich, dass die Bibel ein so dickes Buch geworden ist. Die einzelnen Schriften haben nicht schon immer als eine Einheit existiert, sondern sie waren ursprünglich voneinander getrennt. Erst in der Zeit des frühen Christentums wurden die vielen Schriften, die man im Gottesdienst las, gesammelt und zusammen mit den Heiligen Schriften der Juden zu einer Einheit. Das Ergebnis war die Bibel, wie wir sie heute kennen. Die Bibel ist in zwei Teile aufgegliedert: In das Alte Testament und das Neue Testament. Das Wort Testament kommt aus dem Lateinischen und kann mit »Bund« übersetzt werden. In den beiden Testamenten geht es also darum, dass Gott mit den Menschen einen Bund schließt. Das Alte Testament handelt von dem Bund, den Gott mit dem Volk Israel geschlossen hat; und das Neue Testament hat den Bund, den Gott mit allen Menschen schließen will, indem er seinen Sohn Jesus Christus in die Welt sendet, zum Thema.

2

Die Bibel ist von verschiedenen Menschen geschrieben worden. Viele verschiedene Schreiber kommen in ihr zu Wort. Menschen, die etwas Besonderes mit Gott erlebt oder von ihm erfahren haben, haben hier ihre Erfahrungen und Eindrücke aufgezeichnet. Weshalb wird die Bibel nun aber das »Wort Gottes« genannt, wenn sie doch von Menschen geschrieben worden ist? Das ist so: In der Bibel haben Menschen Dinge aufgeschrieben, die sie mit Gott erlebt und von ihm erfahren haben – und diese Erkenntnisse über Gott sind heute noch genau so gültig wie damals. Weil die Schriften der Bibel schon vor vielen Jahren verfasst worden sind, geht es also darum, aus den Worten der Schreiber von damals das herauszulesen, was für die Menschen von heute wichtig ist. Und das ist viel. Auf diese Weise kann man also feststellen, dass die Worte der Bibel auch heute noch höchst aktuell sind, weil die Bibel Aussagen über Gott und das Verhältnis von Gott zu den Menschen enthält, die niemals veralten können. Und mehr noch als das: Die Bibel ist wirklich das Wort Gottes an die Menschen. Die Christen vertrauen darauf, dass Gott selbst beim Schreiben der biblischen Texte beteiligt war, indem er die Gedanken der Schreiber gelenkt hat. Deshalb muss man die Bibel nicht als ein Buch betrachten, das Gott den Schreibern wörtlich diktiert hat – aber zumindest hat Gott ihnen die Erfahrungen, die zur Entstehung der Schriften geführt haben, ermöglicht; Gott hat diesen Menschen die Ideen gegeben, die sie dazu brachten, über genau diese Themen zu schreiben. Dafür gibt es ein lateinisches Fremdwort: Inspiration. Das bedeutet, dass Gott mit seinem Geist in den Schreibern der biblischen Texte gewirkt hat. Deshalb ist die Bibel das Wort Gottes.

3

Die Christen vertrauen darauf, dass in der Bibel alles Wichtige über Gott steht. Darum ist sie ein abgeschlossenes Buch; man muss nichts mehr hinzufügen: Jesus Christus ist am Kreuz gestorben, um den Menschen die Vergebung der Schuld möglich zu machen. Diese Tat Gottes kann nicht mehr überboten werden. Es gibt also nichts mehr, was noch wichtiger ist und deshalb in die Bibel aufgenommen werden müsste.

Zum Beispiel beim Propheten Jeremia kann man lesen, welche Umstände dazu geführt haben, dass er die Dinge, die Gott ihm sagte, aufgeschrieben hat: in Jeremia 30,1-2. Und in Psalm 119,105 schreibt ein Mensch, wie wichtig ihm das Wort Gottes für sein tägliches Leben ist.

DER GOTTESDIENST

? Der Gottesdienst ist der Mittelpunkt aller Veranstaltungen in der Gemeinde. Es ist der Ort, an dem sich alle Mitglieder der Gemeinde – alte und junge – treffen können, um gemeinsam Gott anzubeten und von seinem Wort zu hören. Der Gottesdienst wird meistens vom Pfarrer geleitet. Gottesdienste finden vor allem jeden Sonntag statt, weil jeder Gottesdienst an die Auferstehung Jesu um Ostersonntag erinnern soll. Deswegen ist der Gottesdienst eine Feier. Wie das Wort »Gottesdienst« schon sagt, steht Gott im Zentrum dieser Veranstaltung. Hier dienen die Menschen Gott, indem sie ihn loben und ihm danken. Aber Gott dient den Menschen auch: Er ist ihnen hier besonders nahe und sagt ihnen seine Liebe zu. So betont auch die Bibel, aus der im Gottesdienst oft vorgelesen wird, beides: Was Gott für die Menschen tut und getan hat – und was er von ihnen erwartet.

1 Viele Gottesdienste verlaufen nach einem vorgegebenen Muster. Mit einem griechischen Ausdruck kann man diesen Gottesdienstablauf als Liturgie bezeichnen. Zu den Bestandteilen eines Gottesdienstes gehören neben verschiedenen Musikstücken und Liedern, die das Thema des Gottesdienstes verdeutlichen sollen, und neben der Begrüßung und den Ansagen auch noch verschiedene Elemente, in denen die Beziehung zwischen Gott

und den Menschen ganz deutlich zum Ausdruck kommt: Am Anfang jedes Gottesdienstes wird eine Trinitarische Formel gesproche: »Im Namen des Vaters und des Sohnes und des Heiligen Geistes. Amen.« Das Wort »trinitarisch« kommt aus dem Lateinischen und bezeichnet etwas, das mit dem dreieinigen Gott zu tun hat. Hier wird also gleich zu Beginn gesagt, für wen dieser Gottesdienst gefeiert wird.

2

Natürlich dürfen Gebete im Gottesdienst nicht fehlen. In den meisten Gottesdiensten wird oft gebetet. Die Gebete können Dank- oder Bitt-Gebete sein. Sehr oft wird das Vater-Unser, das Gebet, das Jesus seinen Jüngern beigebracht hat, gebetet. Und viele Gottesdienste haben im Anfangsteil ein Psalm-Gebet. Die Psalmen sind Gebete, die in der Bibel stehen und die früher gesungen worden sind.

3

In vielen Gottesdiensten werden auch kurze liturgische Wechselgesänge gesungen. Hier singen der Gottesdienstleiter oder der Chor abwechselnd mit der Gemeinde. Das wird so gemacht, damit man merkt, dass im Gottesdienst alle beteiligt sind: Die Menschen sprechen miteinander; sie sprechen auch mit Gott, und Gott spricht mit ihnen. Die Wechselgesänge, die am häufigsten vorkommen, sind das Kyrie und das Gloria. »Kyrie« kommt aus dem Griechischen. Hier bitten die Menschen Gott, ihnen die Schuld zu vergeben – denn »kyrie eleison« heißt »Herr, erbarme dich«. Mit dem Gloria singen die Menschen Gott Lob und Dank. »Gloria« ist nämlich das lateinische Wort für »Ehre«.

4

Die Menschen wollen im Gottesdienst auch auf das Wort Gottes hören. Deswegen gibt es eine oder mehrere Schriftlesungen, bei denen ein Abschnitt aus der Bibel vorgelesen wird. Auch die Predigt soll den Menschen das Wort Gottes nahebringen. Darum erklärt der Prediger der Gemeinde einen Bibeltext und teilt den Menschen seine Gedanken dazu mit.

5

Auch das Glaubensbekenntnis hat seinen Platz im Gottesdienst. Manche Gemeinden sprechen es in jedem Gottesdienst, andere nur ab und zu. Im Glaubensbekenntnis sind die wichtigsten Inhalte des christlichen Glaubens zusammengefasst. Indem die Gemeinde das Glaubensbekenntnis spricht, lobt sie Gott – und sie denkt an die vielen Christen auf der Welt, die alle dasselbe Bekenntnis in ihren Gottesdiensten sprechen.

6

Das Abendmahl gehört auch zum Gottesdienst. Die meisten Gemeinden feiern es aber nicht jede Woche. Das Abendmahl soll vor allem an Jesus erinnern, denn er hat seinen Jüngern gesagt, dass sie das Abendmahl feiern und dabei an ihn denken sollen.

7

Am Ende jedes Gottesdienstes steht der Segen. Im Segen wird der Gemeinde etwas Gutes von Gott her zugesprochen. Der Segen ist der Wunsch und die Zusage, dass Gott bei jedem einzelnen Menschen sein und ihn beschützen wird.

!

Auch in der Bibel stehen einige interessante Dinge zum Gottesdienst: Was Jesus davon hält, wenn Menschen für ihn zusammenkommen, kann man in Matthäus 18,20 nachlesen. Und in Kolosser 3,16 ruft der Apostel Paulus die Gemeinde auf, Gottesdienste zu feiern, um Gott zu danken. Außerdem stehen in 4. Mose 6,24-26 die Segensworte, mit denen schon seit langer Zeit die Menschen gesegnet werden.

DIE TAUFE

? Wenn ein Schiff getauft wird, dann wirft man ihm eine Flasche Champagner an den Rumpf und gibt ihm einen Namen, bevor es zum ersten Mal in See stechen darf. Was aber hat es mit der christlichen Taufe auf sich?

1 Neben dem Abendmahl ist die Taufe das zweite der beiden Sakramente, die die evangelische Kirche kennt. Im Unterschied zum Abendmahl findet die Taufe jedoch nur einmal im Leben eines Menschen statt. Die Taufe als Sakrament zu bezeichnen, bedeutet: Sie geht auf Jesus selbst zurück; er hat den Menschen den Auftrag gegeben, dass jeder Christ getauft werden soll. Und die Taufe ist eine Handlung, mit der eine unsichtbare Wirklichkeit durch etwas Sichtbares zum Ausdruck gebracht wird.

2 Durch die Taufe wird ein Mensch zum Mitglied der christlichen Gemeinde. Der Christ wird »auf den Namen des Vaters und des Sohnes und des Heiligen Geistes« getauft. Damit wird gesagt, wer im Leben dieses Menschen von nun an die Hauptrolle spielen soll: Gott.

3 Das Wasser spielt bei der Taufe eine wichtige Rolle; es ist ein Symbol: Ohne Wasser kann es kein Leben geben. Jedes Leben braucht Wasser – doch das Wasser

kann auch sehr zerstörend wirken; zum Beispiel bei Unwettern. Das Wasser ist also ein Symbol für das Leben und gleichzeitig auch für den Tod. Wenn bei der Taufe Wasser verwendet wird, dann zeigt dies, dass mit dem Glauben an Jesus Christus und der Aufnahme in die Gemeinde das bisherige Leben beendet ist und ein ganz neues Leben begonnen hat.

Doch das Wasser ist nicht nur Symbol für Leben und Tod, sondern es symbolisiert auch die Reinheit: Wer schmutzig ist, muss sich waschen, um sauber zu werden. Wenn bei der Taufe Wasser verwendet wird, dann zeigt dies auch, dass der Getaufte nun gereinigt worden ist – und zwar gereinigt von seiner Schuld. Denn Gott will jedem Menschen, der sich für ein Leben mit ihm entscheidet und ihm sein Vertrauen schenkt, die Schuld vergeben.

4

Zur Zeit Jesu wurden die Menschen getauft, wenn sie bereits erwachsen waren. Doch im Lauf der Zeit haben sich die Christen überlegt, dass es vor allem Gott ist, der in der Taufe handelt: Er schenkt dem Menschen ein neues Leben. Und um zu zeigen, dass Gott dieses neue Leben wirklich allen schenken will, ging man dazu über, schon kleine Kinder zu taufen. Der Unterschied zwischen der Erwachsenen-Taufe und der Säuglings-Taufe ist nicht zu übersehen: Wer als erwachsener Mensch getauft wird, muss sich diesen Schritt gut überlegen; er muss sich aktiv für den Glauben an Gott entscheiden – dies kann ein kleines Kind jedoch noch nicht. Natürlich kann man niemanden zum Glauben zwingen, und nicht jeder, der getauft ist, glaubt deshalb auch automatisch an Gott. Aus diesem Grund gibt es in der evangelischen Kirche die Konfirmation. Das Wort Konfirmation kommt aus der lateinischen Sprache; es heißt »Bestätigung«. Mit der Konfirmation erhalten Jugendliche die Gelegenheit dazu, sich zu überlegen, ob sie »ja« zu ihrer Taufe sagen wollen. Wer sich konfirmieren lässt, zeigt damit, dass er sich für ein Leben mit Gott und die Zugehörigkeit zur Gemeinde entschieden hat und bestätigt damit die eigene Taufe. In der katholischen Kirche hat die Firmung eine ähnliche Funktion.

Zwei wichtige und interessante Bibelstellen zum Thema Taufe sind die folgenden: Die Worte, mit denen Jesus sagt, dass die Christen getauft werden sollen, stehen in Matthäus 28,18-20. Und ein Beispiel für die Taufe eines Menschen, der zum Glauben an Gott gekommen ist, findet sich in der Apostelgeschichte 8,26-40.

DAS ABENDMAHL

?

Was ist eigentlich das Abendmahl? – Diese Frage ist schwierig zu beantworten, denn zum Abendmahl gibt es viele Dinge zu sagen. Deshalb sind hier nun die wichtigsten Punkte zum Thema kurz vorgestellt:

1

Das Abendmahl ist ein Sakrament. Das heißt: Das Abendmahl geht auf Jesus selbst zurück. Jesus hat zusammen mit seinen Freunden das Abendmahl gefeiert und ihnen gesagt, dass sie auch in Zukunft gemeinsam das Abendmahl feiern sollen, um sich dabei an ihn zu erinnern. Und wenn man das Abendmahl als ein Sakrament bezeichnet, dann bedeutet das auch: Es ist ein sichtbares Zeichen für etwas, was unsichtbar Wirklichkeit ist. Beim Abendmahl ist also nicht das Essen und Trinken von Brot und Wein das Wichtigste, sondern etwas noch Wichtigeres wird dadurch ausgedrückt. Die Gegenwart Gottes, die man eigentlich nicht sehen kann, wird körperlich spürbar.

2

Wenn Menschen miteinander essen, dann haben sie ein gutes Verhältnis zueinander. So ist die Abendmahlfeier also ein Zeichen für die Verbundenheit unter den Christen; die Gemeinschaft wird hervorgehoben und das Gefühl der Zusammengehörigkeit betont.

3

Die Israeliten, das Volk Gottes, haben ein besonderes Mahl zusammen gegessen, bevor Gott sie aus der Sklaverei in Ägypten befreit hat. Daran erinnert das Abendmahl: Gott schenkt Freiheit. Außerdem hat Jesus sich besonders um solche Menschen gekümmert, die in der damaligen Gesellschaft Außenseiter waren; er hat sie besucht und mit ihnen gegessen, um dadurch zu zeigen, dass Gott auch die Menschen liebt, die nicht beliebt sind und kein hohes Ansehen haben. Auch daran erinnert das Abendmahl: Gott liebt wirklich jeden Menschen und findet ihn wichtig.

4

Das Wichtigste, woran das Abendmahl erinnert, ist aber dies: Jesus selbst hat den Wein und das Brot mit seinem Blut und seinem Körper verglichen. Das Abendmahl erinnert also daran, dass Jesus gekreuzigt worden ist. Jesus wurde ans Kreuz genagelt und ist gestorben, obwohl er unschuldig war. Dort am Kreuz nimmt er stellvertretend die Schuld der Menschen, die auf ihn vertrauen, auf sich. Dies ist der wichtigste Punkt am christlichen Glauben überhaupt.

In der Bibel gibt es viele Stellen, die mit Mahlfeiern zu tun haben. Zum Beispiel das Essen der Israeliten vor dem Auszug aus Ägypten in 2. Mose 12,1-51. Ein schönes Beispiel dafür, wie Jesus einen von der Gesellschaft verachteten Menschen besucht und mit ihm isst, ist die Geschichte vom Zöllner Zachäus in Lukas 19,1-10. Wie Jesus mit seinen Freunden und Mitarbeitern, den Jüngern, das Abendmahl feiert und ihnen aufträgt, dies auch zukünftig zu tun, steht in Lukas 22,14-20.

Die Zehn Gebote

Die zehn Gebote sind ein Teil des christlichen Glaubens, der sehr oft missverstanden wird. Viele Menschen mussten diese Gebote schon auswendig lernen, und bei vielen von ihnen entstand so der Eindruck, dass die zehn Gebote ein Mittel Gottes sind, mit dem er den Menschen seinen Willen aufzwingen will. Heute sagen viele: »Ich kann alleine entscheiden, was gut für mich ist, und niemand hat mir etwas vorzuschreiben – auch nicht Gott.«

Die Menschen, die in den zehn Geboten ein Mittel sehen, mit dem Gott die Menschen unterdrücken will, übersehen allerdings, wem Gott seine Gebote gibt. Gott gibt die Gebote seinem Volk, den Menschen, die zu ihm gehören wollen! Die zehn Gebote sind also für das Volk Gottes gemacht – und gerade nicht für diejenigen, die nichts mit Gott. zu tun haben wollen.

Außerdem sind die zehn Gebote nicht das Erste und Wichtigste, was Gott den Menschen mitteilen will. Sondern zuallererst sagt Gott jedem Menschen, dass er ihn liebt. Wer von dieser Liebe überzeugt ist und deshalb mit Gott leben will, für den werden dann automatisch die Gebote Gottes wichtig. Denn wie in jeder Beziehung zwischen zwei Menschen, so ist es auch in der Beziehung zwischen einem Menschen und Gott: Man bekommt etwas – aber für eine gute Beziehung muss man gleichzeitig auch etwas tun, damit sie funktioniert.

2

Wenn man sie genau betrachtet, kann man erkennen, dass die zehn Gebote sich in zwei Gruppen aufteilen lassen: Die ersten drei Gebote regeln das Zusammenleben von Gott und den Menschen, und die Gebote 4-10 regeln das Zusammenleben der Menschen untereinander. Diese Unterteilung der zehn Gebote kommt auch bei Jesus zum Ausdruck, als er die Gebote im Doppelgebot der Liebe zusammenfasst: »Liebe Gott, und liebe deinen Mitmenschen wie dich selbst!«

Die zehn Gebote lauten:

1. Ich bin der Herr, dein Gott! Du sollst keine anderen Götter neben mir haben.
2. Du sollst dir kein Gottesbild anfertigen.
3. Du sollst den Namen des Herrn, deines Gottes, nicht missbrauchen: denn der Herr wird jeden bestrafen, der das tut.
4. Halte den Ruhetag in Ehren, den siebten Tag der Woche! Er ist ein heiliger Tag. der dem Herrn gehört.
5. Du sollst deinen Vater und deine Mutter ehren. Dann wirst du lange in dem Land leben, das dir der Herr, dein Gott, gibt.
6. Du sollst nicht morden.

7. Du sollst nicht die Ehe brechen.
8. Du sollst nicht stehlen.
9. Du sollst nichts Unwahres über deinen Mitmenschen sagen.
10. Du sollst nicht versuchen, etwas an dich zu bringen, was deinem Mitmenschen gehört.

3

Gott zeigt den Menschen in den Geboten, wie das Leben gut funktionieren kann. Die Gebote dienen also nicht dazu, den Menschen Gottes Willen aufzuzwingen – sondern die Gebote wollen den Menschen dabei helfen, ihr Leben gut zu gestalten. Aber trotzdem sind die Gebote mehr als nur ein paar gute Tipps, denn es ist ganz klar: Sobald ein Mensch von den Geboten abweicht, ist das Leben nicht mehr optimal, nicht mehr so gut, wie es eigentlich sein könnte. Wer mit Gott leben möchte, soll sich auch an die Gebote halten. Dies ist zwar oft sehr schwer, aber Gott lässt diejenigen, die sich für ein Leben mit ihm entscheiden, nicht im Zweifel darüber, dass er sie auch dann noch liebt, wenn sie Schuld auf sich laden.

!

In der Bibel stehen die zehn Gebote gleich zweimal; nämlich in 2. Mose 20,1-17 und auch in 5. Mose 5,1-22. Das Doppelgebot der Liebe, mit dem Jesus die Gebote zusammengefasst hat, kann man in Matthäus 22,37-40 nachlesen.

Über die Kirche

Die Kirche

Wenn von der Kirche gesprochen wird, denken viele Menschen sofort an dieses große Gebäude mit dicken Wänden, bunten Fenstern und Glocken in einem Turm mit spitzem Dach. Und das ist auch richtig, denn dieses Haus heißt Kirche. Aber der Begriff »Kirche« bedeutet mehr: Er bezeichnet nicht allein das Gebäude – sondern auch die Gemeinde der Menschen, die an Jesus Christus glauben. Der Unterschied zwischen den beiden Bedeutungen des Wortes ist also sehr groß: Die Kirche als Gebäude, das ist eine Ansammlung von dicken Steinen, die meistens schon sehr alt sind und die viele nicht besonders interessant finden. Aber die Kirche als Gemeinde, das sind viele lebendige Menschen. Menschen aus allen Ländern; Menschen aus allen Altersstufen; Menschen mit den verschiedensten Interessen. Doch bei aller Verschiedenheit haben sie alle gemeinsam, dass sie an denselben Herrn glauben – nämlich an Jesus Christus, dessen Liebe sie erfahren haben.

1

Die Christen – also die Menschen, die an Jesus glauben – sind aufgeteilt in viele verschiedene Konfessionen. »Konfession« ist lateinisch und bedeutet »Glaubensbekenntnis«. Es gibt also Christen mit unterschiedlichen Glaubensbekenntnissen, mit unterschiedlichen Überzeugungen: Da sind in Deutschland vor allem die katholische und die evangelische Kirche. Es gibt aber auch die orthodoxe Kirche – und neben diesen großen Gruppen noch unzählige weitere kleinere Gruppen. In den letzten Jahrhunderten haben Meinungsverschiedenheiten in der Lehre der Kirchen dazu geführt, dass die Kirche zersplittert worden ist. Aber trotz der vielen Streitereien, die es um die christliche Lehre gegeben hat, sind alle Christen in den verschiedenen Kirchen auf der Welt in dem einen Punkt miteinander verbunden: Sie glauben an Jesus Christus als ihren Herrn. Die Gemeinschaft der Christen über die Konfessions- und Landesgrenzen hinweg nennt man Ökumene. Das ist griechisch und heißt »bewohnte Erde«.

2

Den Mittelpunkt des Lebens in der Gemeinde bildet der Gottesdienst. Das heißt: Die Christen kommen zusammen, um gemeinsam Gott zu loben und sein Wort zu hören. Die Predigt und das Gebet, aber auch Taufe und Abendmahl sind wichtige Elemente des Lebens in der Gemeinde, die im Gottesdienst ihren Platz haben.

3

Ein weiterer zentraler Punkt im Leben der Christen ist die Hinwendung zu den Mitmenschen. Weil sie wissen, dass Gott jeden einzelnen Menschen liebt, wollen Christen für ihre Mitmenschen dasein. Die Liebe Gottes soll im Leben der Christen sichtbar werden. Sie wollen denjenigen helfen, die ihre Hilfe brauchen – und den Menschen, die Gott nicht kennen, von seiner Liebe erzählen. Deshalb wird der Dienst der Christen für ihre Mitmenschen Diakonie genannt – denn das kommt auch aus dem Griechischen und bedeutet »Dienst«.

!

Wenn es um Gott, den Glauben und die Kirche geht, dann ist die Bibel das Buch, in dem man die meisten interessanten Texte zu diesen Themen finden kann. Darum ist es gut, manchmal direkt in der Bibel etwas nachzulesen: Wie nach der Predigt des Apostels Petrus die allererste christliche Gemeinde vor fast 2000 Jahren gegründet wurde, und was im Leben dieser Gemeinde wichtig war, wird in Apostelgeschichte 2,37-47 beschrieben. Und der Apostel Paulus schreibt in seinem Brief 1. Korinther 12,12-31 darüber, wie viele verschiedene Menschen durch den Glauben an Jesus Christus verbunden sind; er vergleicht die Gemeinde mit dem menschlichen Körper, der aus vielen einzelnen Körperteilen besteht.

Die Diakonie

Ein Aufgabenbereich, um den die Kirche sich mit viel Energie kümmert, ist die Diakonie. Diakonie ist das griechische Wort für »Dienst«. Die Christen wollen also ihren Mitmenschen dienen. Dieser Dienst wird vor allem darin sichtbar, dass sich die Christen in besonderer Weise um die Menschen kümmern, die in besonderen Problemsituationen stecken: Menschen, die zu wenig Geld zum Leben haben; Menschen, die von Krankheit betroffen sind; Menschen, die alt oder behindert sind und deshalb Schwierigkeiten haben, mit ihrem Alltag zurechtzukommen ...

Jesus selbst ist das Vorbild für die Christen: Als er selbst Mensch geworden ist, hat er sich besonders für die Menschen eingesetzt, die von anderen Menschen verachtet wurden, die kein hohes Ansehen und Probleme in ihrem Leben hatten. Das kann man in den biblischen Texten nachlesen. Der Dienst Jesu für die Menschen ging sogar so weit, dass er – obwohl er schuldlos war – stellvertretend für die Schuld der Menschen am Kreuz gestorben ist.

Doch Jesus will nicht der Einzige sein, der dient: Darum ruft er diejenigen, die an ihn glauben, dazu auf, ebenfalls ihren Mitmenschen zu dienen. Grundlegend für diesen Aufruf ist das Gebot der Nächstenliebe. Jeder Mensch, der die Liebe Gottes erlebt hat, kann diese Liebe auch anderen Menschen weitergeben. Deshalb sollen Christen ihre Nächsten lieben. Der Ausdruck Nächstenliebe kann allerdings leicht missverstanden werden. Mit dem »Nächsten« ist nämlich nicht nur ein Mensch gemeint, der mir nahe steht – ein Familienmitglied

etwa – oder der nahe bei mir wohnt – wie zum Beispiel mein Nachbar. Nein, das Wort »Nächstenliebe« bezieht sich auf alle Mitmenschen. Und im Besonderen auf diejenigen, die in einer konkreten Situation meine Hilfe brauchen.

3

Zur Zeit der ersten christlichen Gemeinden stellten die Christen fest, dass es gut ist, Menschen zu haben, die sich beruflich um solche Menschen kümmern, die in einer schwierigen Lage stecken und alleine mit ihren Problemen nicht fertigwerden können. Darum wurde das Amt der Diakonie eingeführt. Diese Diakone können ihre ganze Zeit für den Dienst am Mitmenschen verwenden; was sie selbst zum Leben brauchen, bekommen sie von der Gemeinde. So bekam die Diakonie erste feste Formen. Bis in die heutige Zeit entwickelten sich daraus die verschiedensten diakonischen Einrichtungen. Die Tatsache dass es Menschen gibt, die hauptberuflich in der

Diakonie tätig sind, befreit die Christen jedoch nicht vom Gebot der Nächstenliebe. Obwohl in diakonischen Einrichtungen vieles für benachteiligte Menschen getan wird, kann jeder Einzelne täglich Situationen begegnen, in denen seine konkrete Hilfe benötigt wird.

4

Es ist sehr wichtig, den Mitmenschen, die in Problemen stecken, dabei zu helfen, diese Probleme zu bewältigen. Doch die Liebe der Christen zu ihren Mitmenschen darf an dieser Stelle noch nicht stehenbleiben. Ein Christ hat die Liebe Gottes und die Vergebung der Schuld durch den Tod Jesu am Kreuz erlebt. Darum will er seinen Mitmenschen nicht nur tätig helfen – sondern ihnen auch von der Liebe Gottes weitersagen.

!

Besonders im zweiten Teil der Bibel, im Neuen Testament, finden sich sehr viele Texte, die sich mit dem Thema der Nächstenliebe und der Hilfe für die Mitmenschen beschäftigen: Jesus zeigt im bekannten Gleichnis vom Barmherzigen Samariter, was wirkliche Nächstenliebe bedeutet: Lukas 10,29-37. Und in Matthäus 25,35-40 kann man lesen, was die Diakonie der Christen für Jesus selbst bedeutet.

Die Ökumene

Ökumene ist ein griechisches Wort. Ins Deutsche übersetzt heißt es »die bewohnte Erde«. Damit ist schon angedeutet, in welchem Zusammenhang das Wort heute meistens gebraucht wird: Mit »Ökumene« bezeichnet man nämlich die weltweite Christenheit und die Zusammenarbeit zwischen den verschiedenen christlichen Kirchen. Das heißt: Man wagt einmal den Blick über den eigenen Tellerrand hinaus, um wahrzunehmen, dass es in der Welt – auf der bewohnten Erde – viele verschiedene Christen gibt, Christen in den verschiedensten Ländern und Christen in verschiedenen christlichen Kirchen.

1 Wenn wir uns allein in unserer direkten Umgebung hier in Deutschland umschauen, dann fällt auf, dass es hier verschiedene christliche Gemeinden gibt. Diese Gemeinden haben alle dieselbe Bibel, und die Christen dort glauben alle an denselben Gott – aber es sind trotzdem verschiedene Gemeinden: Da gibt es römisch-katholische und evangelische Kirchen; die evangelischen sind wiederum aufgeteilt in re-

formierte und lutherische Gemeinden, und daneben existieren noch unzählige andere kleine evangelische Gemeinden. Einen sehr großen weiteren Zweig der Christenheit bildet die orthodoxe Kirche, die in Deutschland allerdings nicht häufig vertreten ist. Wie kann das sein? Können die Christen denn behaupten, dass sie den richtigen Glauben an den richtigen Gott haben, wenn sie sich darüber nicht einmal untereinander einig sind? Mit einem Fremdwort kann man die verschiedenen christlichen Kirchen als Konfessionen bezeichnen. Dieses Wort kommt aus dem Lateinischen und bedeutet »Glaubensbekenntnisse« Die Christen sind also getrennt, weil sich im Lauf der Geschichte verschiedene Anschauungen über den christlichen Glauben entwickelt haben. Unterschiedliche Meinungen über die christliche Lehre haben dazu geführt, dass die Kirche sich gespalten hat. Es handelt sich dabei um Fragen, die anhand der Bibel oft gar nicht ganz eindeutig beantwortet werden können. Die Existenz der verschiedenen Kirchen lässt uns oft vergessen, dass alle Konfessionen an denselben Gott glauben und dass die Kirchen nur deshalb getrennt sind, weil sich Menschen über Glaubensfragen gestritten haben, die viel unwichtiger sind als die Zugehörigkeit zu Jesus Christus.

2

Mit »Ökumene« bezeichnet man aber nicht nur die verschiedenen Konfessionen, sondern auch die weltweite Christenheit. Es gibt Christen in allen Teilen der Welt. Die Christen, die auf anderen Kontinenten leben, haben oft andere Formen des Gottesdienstes, sie singen andere Lieder, sie sind anders gekleidet, und viele haben auch eine andere Hautfarbe als wir hier in Europa. Doch trotzdem gehören sie alle zusammen, weil sie alle an Jesus Christus glauben und ihn als ihren Herrn angenommen haben. Es macht Mut zu wissen, wie viele Menschen auf der ganzen Welt miteinander durch den Glauben an Jesus Christus verbunden sind.

Wie wichtig für Jesus selbst die Einigkeit und Einheit in der Gemeinde ist, kann man daran erkennen, dass er für seine Anhänger gebetet hat: Er hat Gott darum gebeten, den Christen Einheit zu schenken; das kann man in Johannes 17,20-23 nachlesen.

Stichwortverzeichnis

Abendmahl 49ff.
Apostolisches Glaubensbekenntnis 28
Auferstehung 17f.

Bekenntnis 30
Beten 34ff.
Bibel 38ff.

Diakonie 59, 58ff.
Doppelgebot der Liebe 14, 53f.
Dreieinigkeit 23f.

Gebet 34ff.
Gebote 52ff.
Glaube 31ff.
Glaubensbekenntnis 28ff.
Gloria 43f.
Gottesdienst 42ff., 56

Heiliger Geist 22ff.
Hoffnung 25ff.

Inspiration 39f.

Jesus 12ff.

Kirche 55ff.
Konfession 56, 61f.
Konfirmation 47f.
Kreuzigung 16f.
Kyrie 43f.

Liturgie 42f.

Nächstenliebe 58f.

Ökumene 56,61ff.

Reich Gottes 13, 26

Sakrament 46,49
Schöpfung 9ff.
Schuld 19f.
Segen 45
Sünde 19f.

Taufe 46ff.

Testament, Neues und Altes 38f.
Trinitarische Formel 43
Trinität 23f.

Vater-Unser 36f.
Vergebung 20f.